대표작

대표작

초판 제1쇄 인쇄 2008. 11. 28.
초판 제1쇄 발행 2008. 12. 5.

지은이 윤 동 재
펴낸이 김 경 희
펴낸곳 (주)지식산업사
본사 ◦ 413-832, 경기도 파주시 교하읍 문발리 520-12
전화 (031) 955-4226~7 팩스 (031)955-4228
서울사무소 ◦ 110-040, 서울시 종로구 통의동 35-18
전화 (02)734-1978 팩스 (02)720-7200
한글문패 지식산업사
영문문패 www.jisik.co.kr
전자우편 jsp@jisik.co.kr
등록번호 1-363
등록날짜 1969. 5. 8

책값은 뒤표지에 있습니다.

ISBN 978-89-423-7049-8 03810

이 책을 읽고 저자에게 문의하고자 하는 이는
지식산업사 전자우편으로 연락바랍니다.

*이 책은 한국문화예술위원회의 2006년도 '문예진흥기금'을 받았습니다.

대표작

윤동재 시집

지식산업사

차례

제1부

제2부

제3부

제4부

시인의 말

제1부

길

지난 여름 중국 운남성
여강 고성에서 만난
납서족 할머니
백 미터도 안 되는 거리를
등짐을 진 채
느릿느릿 걷고 있더군
처음엔 하도 느리게 걸어
호기심으로 보았지만
나중에는 언제까지 그러는지
지켜봐야겠다는 오기가 생겨
다른 일정은 포기하고 보았지
그랬더니 하루해가 꼴깍
넘어갈 때가 되어도
서두르지 않고 여전히
백 미터도 안 되는 거리를
느릿느릿 걷고 있더군

참다못해 납서족 할머니에게 다가가
서툰 중국말로 물었지
왜 느릿느릿 걷고 있느냐고
빨리 걸으나 늦게 걸으나
길은 끝나게 되어 있다고
길이 끝나는 곳은 죽음인데
무엇 때문에 빨리 걸어야 하느냐고
순간순간을 즐기며 걸어가고 있다며
납서족 할머니
이상하다는 듯이 되묻더군

*납서족 : 중국 운남성에 살고 있는 소수민족

인도

지난 겨울방학 때
인도를 배낭여행으로 다녀왔지요
인도 자이푸르에서 길을 건널 때
중년의 사내가
슬그머니 다가오더니
당신은 지금 행복합니까?
사뭇 진지하게 묻더군요
그리고 자기는
마냥 행복하다는 듯
편안하고 따뜻하게 웃으며
두 손을 모으고
다소곳이 고개를 숙이더니
지나가더군요
그 뒤부터 늘
나는 지금 행복한가
나는 정말 행복한가

곰곰이 생각해 보지요
곰곰이 생각하지요

절로 가는 길

올해 일곱 살인 규혁이가
절에 계신 부처님이
심심하실까봐
할머니 손잡고
동무해 주러 가는 길입니다

부처님이 미리 알고
고맙고 고맙다며
절로 오르는 산길
봄꽃을 피워
규혁이와 할머니를
마중하게 했습니다

봄꽃은 무슨 할 말이
그리 많은지
쉴 새 없이 이야기합니다

규혁이는 봄꽃의 이야기 가운데
몇 가지만 골라
할머니한테 들려줍니다
가는귀가 먹은 할머니는
뭐라고? 뭐라고? 하며
자꾸 되물어봅니다

절터

절터라는데 절은 떠나고
법당이 있던 자리에
수국만 남아
꽃을 피우고 있다

절이 사라질 때
법당 안에 있던
석가모니불이
수국 속으로 들어 가셨나

수국 속을 가만히 들여다보니
수국 속에서
가부좌를 틀고 있는
석가모니불이 보인다

도리 없이 나는 시방

수국 앞에서
옷매무새를 고치고
두 손 모으고 있다

쌍계사 죽비소리

쌍계사 벚꽃 길 벚꽃이 한창일 때
벚꽃 구경 나섰다가
벚꽃 손에 이끌려
쌍계사까지 들르게 되었지요
쌍계사 경내 들어서자
갑자기 죽비소리가 쏟아졌지요
벚꽃과 내가 깜짝 놀라
어디서 나는지 둘러보았더니
진감선사대공탑비 앞에서
진감선사가 최치원의 두 어깨 위로
죽비를 사정없이 후리치고 있었지요
모든 것이 헛되니
탑을 만들지도 말고
비명을 짓지도 말라고 했건만
어째서 탑비의 글도 짓고 글씨도 썼느냐고
진감선사가 최치원의 두 어깨 위로

사정없이 죽비를 내리치고 있었지요
죽비소리가 지리산 쌍계사 골짜기를
쩡쩡 울리고 있었지요

인각사(麟角寺)

왕희지가 지난 주말 나를 찾아와
인각사에 가고 싶다며
통역과 안내를 부탁했다
나는 왕희지를 내 차로 모시고
인각사를 찾아갔다
왕희지는 인각사에 도착하자마자
주지 스님을 만나 뵙고
보각국사비를 얼른 보여 달라고 했다
주지 스님의 안내를 받아
왕희지는 보각국사비 글씨를
서너 시간이나 찬찬히 살펴보더니
중국에서 들었던 바대로
틀림없는 자기 글씨라고 했다
늦었지만 글씨값을 톡톡히 받아야겠노라며
주지 스님에게 글씨값으로
기린 한 마리 내놓으라고 했다

기린이 동네 어귀 석벽에 늘 뿔을 걸어
절 이름도 인각사라 하니
기린 한 마리 내놓으라고 했다
주지 스님이 기린을 드리는 건 어렵지 않으나
저자가 친필 서명한
《삼국유사》 한 권 드리겠다고 하자
오래 전부터 꼭 갖고 싶었는데
정말 줄 수 있느냐고 되묻더니
책을 받고는 아주 좋아했다
중국으로 돌아가기 전날 아침까지 다 읽어버렸다

백담사

설악산 공룡능선을 오르다가
백담사를 등에 지고 오르는
만해를 만났다
힘들지 않느냐고 물었더니
힘들 때마다
옴마니 반 메 훔을
백여덟 번씩 외우니 괜찮은데
백담사를 어디에다 내려놓아야 좋을지
통 모르겠다고 했다
오랜만에 백담사에 들렀더니
만해 기념관이니
일해 기념방이니
시비니
매점이니
찻집이니 해서
절집 맛이 싹 가셨다며

참선수도하고 공부하고
《님의 침묵》을 쓸 때의 백담사만
등에 지고
설악산 골짜기를
벌써 여러 날 헤매고 있다고 했다

선운사

한 여름 선운사에 들러
부처님을 얼른 뵙고
낙조대에 올라
격포의 낙조를 보고 내려 왔네

절 아래 식당에서 복분자술에 어지간히 취해
밤늦게 동백여관에 들어 잠자는데
날이 훤히 새기도 전
매미 보살이 단잠을 깨웠네

매미 보살에게
마구 불평을 했더니
선운사 부처님이
자기에게 시켜서라고 했네

그 바람에 아침 일찍 일어나

선운사에 다시 들러
투덜대면서도
선운사 부처님을 한 번 더 뵈었네

선암사 홍매화 보살

식구들을 데리고 들른
조계산 선암사
홍매화 보살이
엷은 미소를 지으며
반겨주더라

보성 차밭
다산초당
땅끝 마을
두루 구경하고
서울로 돌아왔더니

홍매화 보살이
고이고이 싸서 보낸 향기가
우리 식구들을 미리 기다리고 있더라
아파트 수위실에서 받아두었다며

얼른 찾아가라 하더라

절집 까치

국보나 보물은커녕
지방문화재도 한 점 없는
대웅전 한 채와
요사채만 한 채 있는 절집

요사채 앞마당으로
감나무가 한 그루
홍시를 주렁주렁 달고
넉넉히 서 있네

마음을 다스리고 싶거나
마음을 찾으려고
찾아오는 이들에게
이 가을에는 홍시를 맘껏 공양하려고

오늘 아침엔

까치 한 마리
감나무 가지에 앉아
침을 꼴깍 꼴깍 삼키고 있다

부처님이
어서 드시게
어서 드시게
몇 번이나 말해 주어도

못 들었는지 미안해서인지
까치 목구멍으로
침 넘어가는 소리만
아주 크게 들린다

쑥국

황사가 심한 봄날
개심사에 들렀다가
부처님은 만나지 못하고
개심사 입구
식당 앞에서 쑥을 파는 할머니에게
쑥을 사 왔다
중학교 2학년과 초등학교 4학년
손자 둘을
집 나간 제 어미 대신 키운다며
쑥 좀 사달라고 했다
해는 저물고
더 이상 손님이 올 턱이 없으니
꼭 좀 사달라고 통사정을 했다
만 원을 주니
쑥을 몽땅 다 주었다
집으로 가지고 와서

콩가루를 넣고
쑥국을 끓였더니
만난 적이 없는 할머니의 두 손자 얼굴이
쑥국에 비치었다
할머니의 눈물도
쑥국에 두어 방울 떨어졌다
그 바람에 쑥국 맛이 간간했다

우수리 보살

올해 일흔한 살 부산 할매
명일 시장에서
고구마 고추 호박 가지를 팝니다
들깻잎 양파 무도 팝니다

서울 온 지
삼십년이 지났건만
억센 부산 사투리
하나도 바뀌지 않았습니다

니캉 내캉 남이 아니라며
무얼 사든지
우수리로 더 집어주는 것도
하나도 바뀌지 않았습니다

장사하느라 절에는 거의 못 가지만

우수리 보살로 통합니다
우수리 보살 하면
명일 시장에서 모르는 사람이 없습니다

애기똥풀꽃

올 봄에 대학을 졸업하고
우리 학교 생물 선생으로 오신
조 선생과 함께
도봉산 관음암을 오르는데
관음암 턱밑에서
제 동무들과 우리를 마중 나와 있던
애기똥풀꽃 가리키며
조 선생이 나를 보고
저게 애기똥풀꽃인데 알아요 했다
알지요 알고 말고요 하니
왜 애기똥풀꽃이라 부르는지도 알아요
하고 다시 물었다
왜 애기똥풀꽃으로 불리는지는
사실 관심도 없는데
조 선생은 어느새 애기똥풀꽃을 꺾어
허리를 잘라 내게 들이밀며

보세요 보세요 노란 물이 나오고 있지요
애기똥 같지요 했다
애기똥풀꽃이 우리를 마중 나와 있던 게
매우 기특하고 고마워
눈인사를 나누려고 했는데
나는 그만 은근히 화가 나서
조 선생은 불살생계를 어기고
애기똥풀꽃을 꺾었으니
관음암에 올라가면
관음암 부처님이 조 선생한테
이놈 하실 것이오 했다

천 원

박수돌 씨는 올해 마흔 여덟
늦게 장가들어
초등학교 1학년과 3학년 딸만 둘 둔
건설현장 날품팔이 일꾼인데
일하러 나갈 때나 일마치고 돌아올 때
전철역 지하도에서
구걸하는 늙은이를 만나면
여자든 남자든 가리지 않고
몸 바꿔 나신
부처님이라며
천 원짜리 한 장
두 손으로 공양하고
합장 배례합니다
절에만 계신 부처님보다
몸 바꿔 나신 부처님을 더 잘 모셔야
공덕을 쌓을 수 있다고

공덕은 쌓을수록 좋다고

설악산 보살

백담사에서 수렴동계곡을 거쳐
봉정암으로 오르는 길
만나는 보살님마다
예쁘고 고와서
설악산 보살님들은
나이와 관계없이
어찌 이리 예쁘고 곱기만 하냐고
혼자 중얼거리는데
상수리나무와 다람쥐가
어떻게 들었는지
한 목소리로
설악산 보살님들은
무엇이든 잘 참는 분들이니까
얼굴이 예쁘고 곱지 했다
그리고 한 마디 덧붙이기를
부러워하지 마라

너도 참는 법을 익히면
얼굴은 말할 것도 없고
마음까지도 금세
예뻐지고 고와질 거야 했다

제2부

이삭 성당

러시아 빼쩨르부르그에 있는 이삭 성당
서울대학교 노문과를 졸업하고
빼쩨르부르그 대학에서
뿌쉬낀 문학으로 박사과정을 밟고 있다는
가이드가 이마의 땀도 닦지 않고
열심히 설명하고 있다
"이삭 성당을 세우는데
사십만 명의 일꾼이 죽었어요!"
그러자 설명을 듣다 말고
일행 가운데 한 사람이
한 마디 내 뱉는다
"아, 고맙고 고마워라 조선의 왕이여!
조선의 왕들은 큰 건물 하나 세우려고
수십만 명을 죽이지는 않았지!"
러시아 사람 늙은 부부가
그 말을 어떻게 알아들었는지

맞는 말이라며
손뼉을 크게 치고 있다
이삭 성당 안을 구경하던
독일 사람 관광객들이
무슨 일인가 놀라서
모두 이쪽을 보고 있다

트루판 하늘

지난 여름 실크로드 가서
트루판을 구경할 때
하늘을 보고
이 세상에서 가장 맑고 푸른 하늘이라고
입속말로 중얼거렸더니
가이드 이춘길 씨가 어느 틈엔가 듣고는
이 하늘을 보여 달라고
알라신에게 밤새 부탁하느라
손전화 전지 두 개나 닳았다고 했다
나는 이춘길 씨한테
다시 알라신에게 부탁하여
트루판 하늘 한 자락만 떼어서
가져갈 수 있도록 해 달라고 했더니
이춘길 씨는 돌아서서
알라신에게 손전화를 하여
금세 내 부탁을 들어주었다

나는 알라신이 주신
트루판 하늘 한 자락을
여행 가방에 잘 넣어 와
요즘 날마다 꺼내 보고 있다
투르판 하늘을 보고 있으면
신기하게도 내 마음이 자꾸자꾸 닮아간다
맘껏 아주 맘껏 맑고 푸르러진다

사십

야간대학 국문과 1학년
고전문학의 이해 시간
국문과 신입생 가운데
올해 나이 딱 사십인
중학교 3학년 딸까지 둔
주부 학생 이숙자 씨가
떡 버티고 있다는 것도 모르고
시간 강사만 십 년째라는
박 아무개 시간 강사가
여자 나이 사십이면
장승도 돌아보지 않는다고 하는
옛말이 있다고 소개하자
주부 학생 이숙자 씨보다
스무 살이나 어린 신입생 여학생들이
여자 나이 사십이면
장승도 돌아보지 않는다고 하니

언니는 큰일이네요
언니는 큰일이네요 하며
진지하게 걱정을 해 주자
주부 학생 이숙자 씨가 한 마디 하기를
장승이니까 안 돌아보지?
장승이니까 어떻게 돌아보겠니?

프리지아꽃

봄날 늦은 저녁
지하철 3호선 종로3가역에서
수서행 지하철을 탔는데
꽃 배달 할아버지가 내 옆자리에 앉았다
어디까지 가시느냐고 했더니
대청역까지 가신단다
고객의 결혼기념일이라고
은행 지점장이 챙겨주는
프리지아 꽃바구니라며
개포동 엘지자이 아파트까지
배달해 주어야 한다고 한다
올해 여든 한 살인데
혼자 산다고 한다
할머니는 삼년 전
돌아가셨다고 한다
프리지아 꽃바구니가

무겁지나 않을까
걱정이 되어
대청역에서 따라 내렸는데
대청역에 내리자
프리지아꽃들이 꽃바구니에서 나와
앞장서서 걷는 것이었다
아장아장

주전골 단풍

설악산 주전골 단풍을
정신없이 보고 있는데
같이 온 일행이 나한테
시인이 이걸 보고도
시 한 수 읊지 않고 뭐 하느냐 했다
나는 그들에게
지금 하느님이 쓰신 시를
열심히 읽고 있는 중이오 했다
그랬더니 시 못 쓰는 핑계
둘러대지 말고
얼른 한 수 지어보시지요 했다
나는 그들에게 다시
하느님이 쓰신 시를
읽을 줄 모르면
시인이 쓴 시도 읽을 줄 모르는 법이오
하느님이 쓰신 시부터

먼저 읽어보기나 해요 했다
알아들었는지 못 알아들었는지
같이 온 일행들 모두
주전골 단풍에게
마음을 송두리째 빼앗기고도
까맣게 모르고 있었다

마음은 무게가 없다

안동에서 서울로 오는 버스를 타고
동서울 버스터미널에 내리니
할머니 한 분이
자기 키보다 더 큰
배낭을 짊어지고
거기다가 두 손에는
또 보따리까지 들고 내린다
배낭에는 마늘이 들어 있고
보따리에는 애호박 몇 개
고추와 참깨가 들어 있다
아들네 집인지
딸네 집인지 가는가 보다
지하철 강변역 쪽으로
함께 걸어가면서
"할머니 이 무거운 것을
어떻게 들고 가시려고 가져 오셨어요!"

하며 보따리를 모두
건네받아 들어드리자,
"마음을 담아왔지 별거 아니야!" 한다
그러면서 마음은 무게가 없다 한다
마음은 아무리 담아와도
무겁지 않다고 한다
마음은 아무리 가져와도
힘들지 않다 한다

나들이

토요일 오후 허리우드 극장 뒤쪽
열양서숙에서 지산 선생님께
두시를 배우고 난 뒤
인사동으로 가서 화랑을 기웃거리다가
거리로 나오니
박재삼 시인이 생전의 모습 그대로
걸어오고 있는 것이었다
나는 그와 인사동 골목 안의 선천집에서
저녁을 함께 먹은 적이 있는데
그때 모습 그대로였다
그는 나를 보더니
먼저 손을 내밀었다
그리고는 내게 안부를 물어보는 대신
시인 조지훈 선생의 이름이
무슨 뜻인 줄 아느냐고 했다
나는 예전에 그에게 들어 알고 있었지만

차마 말할 수 없어서 모른다고 하자
그는 빙그레 웃으면서
'좆이 훈훈하다'는 뜻이라고 했다
박재삼 시인은 아는 사람도 만나보고 싶고
우스개 소리도 한 마디 해 보고 싶어
오랜만에 이승 나들이를 해 보았다고 했다

사람

동아빌딩의 수위로 있기도 하고
중동 경기가 좋을 때는
사우디아라비아에 건설 일꾼으로 나가
일하기도 했다는
우리 학교 정문 수위 함씨
아이들이 다 하교하고 난 오후
수위실에서 나와 둘이 앉아
시시껄렁한 농담을 주고받다가
어느 틈에 정색하고는
선생님, 땅은 한 번도 거짓말하지 않는데
땅을 딛고 살아가는 사람은
웬 거짓말이 그렇게 많고
서로 속이기만 해요 한다
함씨, 요즘 좋지 않은 일이 있어요 했더니
그건 아니고 지금껏 살면서
알게 된 거라 한다

어느 고승의 법어보다
어느 고명한 목사님의 설교보다
함씨의 이 말이 날카로운 칼이 되어
내 가슴을 찌른다

점심

부산에 출장갈 일이 생겨
겨울 아침 영등포역에서 기차를 탔더니
내 앞 자리 할머니와 손자가
나란히 앉아 있었다
아들이 하는 일이 잘 안 되어
청도 운문사에 가는 길이라 했다
기차가 옥천을 지날 때
할머니는 배낭 속에서
컵라면 하나 꺼내
가지고 온 보온병의 물을 부어
손자에게 주었다
내년이면 초등학교에 들어간다는 손자는
기차 속에서 파는 김밥이나 과자는
사달라고 조르지 않고
할머니가 주는 컵라면을
국물 한 방울 남기지 않고 먹었다

할머니는 아무 것도 드시지 않고
그걸 바라보았다
그게 할머니의 점심이었다
할머니의 점심은 그게 다였다

부끄러운 고백

선생 노릇한 지 17년 만에
내 아이가 중학교에 들어가자
내가 맡은 중학생이
모두 학생으로 보이지 않고
내 아이로 보이네

내 아이란 생각이 드니
짜증이 줄어들고
내 아이란 생각이 드니
좀 더 친절하고
자세하게 설명해 주게 되네
학생들의 웬만한 투정쯤은
너그럽게 받아들여 주게 되네

내 아이가 중학생이 되자
중학교 선생은

아이가 중학교에 다니는
사람만 해야겠구나 생각하네

아니아니 자기 아이가
꼭, 중학교에 다니지는 않더라도
자기가 가르치는 학생은 모두
자기 아이인 것처럼 여기고 가르치는
사람만 해야겠구나 생각하네

부끄러워라 부끄러워라
선생 노릇한 지 17년 만에
내 아이가 중학교에 들어가자
겨우 깨우친 것이라네

넥타이

길동 시장에서 채소 장사를 해 돈 좀 모아
총포사를 열더니 다 털어먹고는
마누라와 신명중학교 앞에서
붕어빵을 구워 팔던
내 초등학교 동기생 친구 서군
마흔 다섯이 넘도록 제 결혼식 날 말고는
넥타이를 매어본 적이 없다던 서군
얼마 전 나를 찾아와
좋은 자리에 취직을 했다며
아침에 거울 보고 넥타이를 매는
기쁨을 아느냐 했다
넥타이를 매고 다닌다는 건
실직자가 아니란 뜻이라며
어디 근사한 데 다니고 있다는 증거라며
그런데 서군이 말한 좋은 자리란
다단계 정수기 판매회사

정수기 열 대만 팔면 부장이 되고
정수기 백 대만 팔면 본부장도 된다는
문제는 한 대에 이백 삼십 만원이나 하고
마진율도 칠십 프로를 웃돈다는 정수기를
누가 선뜻 사줄까 하는 것이었다
나라면 한 대 사줄 줄 알고
나를 가장 먼저 찾아왔다는 서군
나는 정수기는 못 사주고 대신
순댓국 한 그릇에 소주 한 병 대접하고는
지하철역까지 바래다주었는데
서군의 넥타이 속 꽃잎이
겨울밤 바람에 자꾸자꾸 날리어
땅바닥으로 떨어졌다

행복

이십대 땐
예쁜 여자가 있어야만
행복할 거라고 생각했다

삼십대 땐
아파트 한 채가 있어야만
행복할 거라고 생각했다

사십대 땐
과장이나 부장이 되고 자가용도 있어야만
행복할 거라고 생각했다

그러나 이제는
하늘 한 번 바라보아도 행복하다
들꽃 한 번 바라보아도 행복하다

어인 일일까
어인 일일까

십만 원

"어무이요, 롯데월드 구경갑시더."
"야야, 아이다 나가마 뭐 하노."
"어무이요, 외식하러 나갑시더."
"야야, 아이다 나가마 별다르나."

어머니 일주일을 서울 와 계시면서
집 바깥을 나가시지 않고 일만 하시다가
경로 우대증으로 할인이 되는
무궁화호 타고 시골집으로 내려가셨다

어머니 시골집으로 내려가시던 날
아침 출근 길 어머니 가방에
아내 몰래 십만 원을 넣어드렸다
그런데 퇴근 후 내 책상 서랍을 열다가 깜짝 놀랐다

내가 드린 십만 원과

연필을 꾹꾹 눌러가며 삐뚤빼뚤 쓴
어머니의 편지가
서랍 속 깊숙이 들어 있었다

"야야, 서울 생활 힘들제 내 다 안다
니가 준 십만 원 도로 놓고 간다
애들이랑, 에미에게 우짜든동 잘해 조라
친구들에게도 가끔씩 소주 한잔 사라"

그날 밤 내내 나는 한 구절 읽고 남쪽 하늘 바라보고
또 한 구절 읽고 남쪽 하늘을 바라보았다
그때마다 남쪽 하늘
큰 별 하나가 나를 내려다보고 있었다

일과 시

벌써 여러 해 전 일이지요
과천 이오덕 선생 댁에 갔더니
일흔이 넘은 분이
손수 밥을 짓고 빨래도 하고
방 청소도 했지요
민망하다는 생각이 들어
걸레 이리주세요 하니
괜찮다며
일이 운동이고
일이 시라고 했지요
그러면서 아무개 시인은
시골에서 자랐는데
어릴 때 자기 집 마당 한 번
안 쓸었다며
그러니 시가 형편없다고 했지요
내가 시를 쓰니까

한 소식 깨우쳐 주려고
그러셨는지
여쭈어 보지도 않았는데
걸레로 방 먼지를 훔치면서
시는 일에서 나온다고
일이 시라고 했지요

문제 어른

명일동 삼익 상가 1층
경북 야채 주인 뚱뚱보 아줌마
삼겹살 구워 먹으려고
상추 사러 갔다가
천 원짜리 수북이 아무 데나
놔두었기에
아줌마 아이들이 집어가면 어쩌려고
돈을 아무렇게나 두었어요 하며
걱정을 해 주었더니
아이들은 절대로 집어가지 않아요
어른들이 은근슬쩍 집어가지요 한다
그러면서 세상을 엉망으로 만드는 것도
문제를 일으키는 것도 늘
아이들이 아니라 어른들이지요
문제 어른은 있지만
문제 아이는 없어요 한다

| 제3부

대표작

어떤 문인은 등단작이 대표작이기도 하고 어떤 문인은 마흔이 되기도 전에 대표작을 쓰기도 합니다 그리고 또 어떤 문인은 늙어 죽기 직전에 가서야 겨우 대표작을 쓰기도 합니다 그러나 아예 대표작 한편 쓰지 못하고 죽는 문인들 또한 얼마나 많습니까 그런데 지난해 러시아의 야스나야 폴랴나에 있는 톨스토이 생가에 가 보았더니 톨스토이는 살아생전에 그 많은 작품을 썼지만 그것들은 다 그가 죽어서 진짜로 쓴 대표작을 한번 연습해 본 것에 지나지 않았음을 알았습니다 톨스토이의 대표작은 흔히들 말하는 대로 《전쟁과 평화》도 아니고 《안나 카레리나》도 아니고 《부활》도 아니었습니다 톨스토이 생가 2층 서재에 빼곡히 꽂혀 있는 어느 작품도 아니었습니다 톨스토이의 대표작은 생가에서 숲 사이로 난 길을 한참 따라가야

볼 수 있는 반 평도 채 되지 않는 그의 무덤이었습니다 두 그루의 나무 사이에 울타리도 비명도 없고 우리나라에서 흔히 볼 수 있는 문학비조차 하나 없는 톨스토이의 무덤이야말로 단연 그의 대표작이었습니다 톨스토이는 귀족이어서 귀족의 묘지에 묻혀야 했지만 스스로가 거기 묻어달라고 했다고 합니다 지극히 쓸쓸하고 초라하여 오히려 더 이상 위대할 수 없는 그의 무덤이 톨스토이의 대표작이라는 것을 알았습니다

대통령 예수

복음교회 김 집사는 올해 일흔일곱입니다 평생 고향을 떠난 적이 없고 농사일 말고는 다른 일을 해본 적도 없습니다 초등학교는 다녔지만 제대로 공부를 하지 않아서 아직도 글을 읽고 쓸 줄 모릅니다 교회 집사라는 직분은 일찍부터 맡았지만 글을 모르다 보니 성경을 읽을 줄도 모릅니다 성경 이야기 가운데 알고 있는 것은 귀로 들은 것이 전부입니다 그렇지만 어디를 가든 성경은 꼭 가지고 다닙니다 들에 일하러 갈 때도 성경을 들고 나가 논두렁 밭두렁에다 두고 일하고 나들이 갈 때도 꼭 가지고 다닙니다 그런데 김 집사는 여러 해 전부터 기도 제목을 대통령 예수라고 정해놓고 새벽 일찍 일어나 찬물에 목욕하고 무릎 꿇고 앉아서 통성기도를 합니다 예수가 많이도 말고 딱 5년만 우리나라 대통령으로 일을 해 달라고 말입니다 김 집사는 예수가 떡 다섯 개와 물고기 두 마리로 오천 명을 먹였다는 성경 이야기는 사람들이 각자 제 혼자서만 먹으려고 끝까지 숨겨둔 것을 남김없이 모두 꺼내게 하여 서로 나누어 먹도록 한 것이라고 합니다 김 집사는 지금 우리나라는 바로 이런 예수의 능력이 절실히 필요하고 예수가 딱 5년만 우리나라 대통령을 하면 우리나라는 세세 영원히 살기 좋은 나라가 될 거라고 굳게 믿습니다 김 집사의 통성기도 소리가 하도 커서 김 집사네 개도 그 소리를 듣고 일찍 잠을 깨고 이웃들의 개도 그 소리를 듣고 일찍 잠을 깹니다 그러나 김 집사의 이웃들은 김 집사의 통성기도 소리를 잠결에 듣고도 그냥 잡니다 못 들은 체하고 그냥 잡니다

카세트녹음기

미타사 스님들은 언제고 독경을 직접 하는 법이 없습니다 카세트녹음기로 독경 테이프를 틀어주고 딴 짓을 할 뿐입니다 카세트녹음기로 독경 테이프를 틀어놓으면 신도들도 듣지만 산속의 새들도 아주 열심히 듣습니다 새들 가운데는 밤낮으로 독경 테이프를 열심히 들어서 득도한 놈도 여럿 있습니다 득도한 놈들이 법당에 날아와 설법을 할 때도 있고 산속 나뭇가지에 앉아서 설법을 할 때도 있습니다 귀 밝은 신도들은 그 설법을 모두 알아듣습니다 그런데 독경 테이프를 밤낮으로 틀어주던 카세트녹음기가 어느 날 수명을 다하여 상좌 스님이 절 뒤쪽 소각장에서 다비를 해 주었는데 사리 수십과가 쏟아졌다고 합니다 두어해 전 회주 스님이 입적했을 때 다비를 했는데 그때는 사리가 한 과도 나오지 않았고 얼마 전 주지 스님이 입적했을 때도 다비를 했는데 사리 한 과도 나오지 않아 모두들 쉬쉬했는데 사리 수십 과가 쏟아졌으니 미타사의 경사입니다 미타사에는 요즘 그 사리를 친견하겠다는 신도들과 일반인들이 쉴 새 없이 몰려들어 산과 바다를 이루고 있다고 합니다

자랑

선사와 목사 그리고 시인 이 세 사람이 이승에서는 더 이상 할 일이 없어 똑 같은 날 저승으로 갔습니다 이승에서는 한 번도 서로 만난 적이 없던 그들은 저승의 염라대왕 앞에서 서로 만나 이승에서 이루어놓은 자기의 공적을 자랑하면서 각기 자기가 제일이라고 했습니다 먼저 선사가 말했습니다 자기는 공적이 하도 많아 사람들이 비석을 세우기 위해서 돈을 모으고 애쓸 것 같아 그런 수고로움을 덜어주어야겠다는 생각에 자기 스스로 미리 비석을 세웠다고 했습니다 그러자 목사는 자기가 당회장으로 있던 교회에다 자기 송공비를 커다랗게 세웠다고 자랑했습니다 기독교에서는 예수도 송공비를 세운 적이 없지만 자기는 당당히 송공비를 세웠다고 자랑했습니다 시인은 두 사람의 말을 듣고 조금도 기가 죽지 않고 말했습니다 자기는 고향 초등학교 교정에다 자기 시비를 세웠다고 했습니다 이들은 모두 이승에서 살 때 자기만이 비석을 세운 줄 알고 그것을 자랑했습니다 그러나 서로의 말을 들어보니 비석 세운 것만 가지고는 누가 더 나은지 우열을 가릴 수 없게 되었습니다 그래서 다시 자기가 세운 비석에 대해서 자랑을 했습니다 선사는 비석은 개수가 중요하다고 했습니다 자기가 세운 비석 개수가 하도 많아 자기도 다 알 수는 없지만 사람들의 발길이 많은 전국의 관광지란 관광지에는 자기 비석을 다 세워놓았다고 자랑했습니다 그러자 목사는 비석은 개수가 중요한 것이 아니라 하나를 세우더라도 비석다운 비석을 세우는 것이 마땅하다고 했습니다 자기는 자연을 해쳤다는 비난을 엄청나게 들었지만 전국을 돌아다니면서 좋은 자연석을 구해다가 송공비를 커다랗게 세운 것이 자랑이라고 했습니다 시인은 이번에도 기가 죽지 않았습니다 그는 비석의 개수가 많고 크기만 쓸데없이 크면 무엇 하느냐 비석에다 자기 작품을 정성스럽게 새겨 넣어야 비석이 비석다워진다고 했습니다 세 사람의 자랑이 계속 이어지자 염라대왕은 슬그머니 자리를 비웠습니다

앙코르와트 산스크리트 비문

지난 겨울 나는 베트남의 호치민 시를 거쳐 캄보디아의 시엠 레압에 있는 앙코르 유적을 둘러보았습니다 오전에는 열대밀림 사이에 있는 자야바르만 7세의 얼굴이 조각된 바욘 사원과 프랑스가 복원 공사를 맡아 한창 재건축이 진행되고 있는 바푸온 사원을 둘러보았습니다 타 프롬 승가원도 둘러보았습니다 그리고는 호텔로 돌아와 낮잠을 한 잠 자고나서 오후에는 세계 7대 불가사의의 하나로 알려진 앙코르와트를 둘러보았습니다 수리야바르만 2세가 세웠다는 앙코르와트는 중앙탑의 높이가 63미터나 되는데 나는 거기에도 올라가보았습니다 그런데 회랑 뒤쪽으로 가니 산스크리트 비문이 있었습니다 비바람에 깎일 대로 깎여 글씨를 제대로 알아볼 수 없었는데 현지인 가이드는 자기가 알고 있는 문자를 머릿속에서 모두 지우고 나면 누구든 읽을 수 있다고 했습니다 나는 내가 알고 있는 문자를 지우려고 무척 애를 써 보았지만 끝내 지우지 못해 읽지 못했습니다 우리 일행 가운데 아들딸들이 팔순 기념으로 보내주어 오셨다는 할아버지 한 분은 자신이 알고 있는 문자를 지우는 데 성공하여 산스크리트 비문을 읽고 우리에게 얘기해 주었습니다 비문에 씌어진 글자는 수백 글자가 넘지만 내용은 아주 간단하다고 했습니다 그것도 한마디뿐이라고 했습니다 착하게 살자 그것뿐이라고 했습니다 현지인 가이드는 비문의 내용을 정확하게 알아낸 사람을 처음 만났다고 했습니다 앙코르 유적을 둘러보고 다시 베트남으로 들어가서 하노이와 하롱베이를 구경할 때도 나중에 서울로 돌아와서도 앙코르 유적의 모습은 하나도 떠오르지 않았습니다 할아버지가 말해

준 산스크리트 비문 내용만 잊혀지지 않고 줄곧 떠올랐습니다 지금까지도 또렷또렷 떠오르고 있습니다

부석사 공양주 보살 선묘

부석사에서는 밥을 지을 때나 국을 끓일 때 책으로 불을 땝니다 의상 대사에게 날마다 부쳐오는 책들을 모아서 불을 땝니다 이 일은 부석사 공양주 보살인 선묘 혼자서 합니다 선묘는 이 일을 맡은 지 1300여 년이 넘었건만 싫어하는 내색을 보인 적이 없습니다 선묘는 공양 준비가 끝나면 늘 재를 파헤쳐서 타지 않고 남은 글자가 있나 살펴보고 남은 글자가 있으면 모두 모아 의상 대사에게 올립니다 책을 쓴 사람이 남에게 빌려오거나 훔쳐오지 않은 독창적인 생각이나 독창적인 표현이 나타난 글자는 용케도 타지 않고 남는다고 합니다 예전에는 불을 때면 한 글자도 타지 않고 고스란히 남은 책도 있었고 절반이나 남은 책도 있었는데 요즘 불을 때면 대부분의 책들이 한 글자도 남지 않는다고 합니다 선묘가 오늘 아침 공양 준

비로 부엌 아궁이에 땐 책은 문학박사이고 시인이고 평론가이면서 서울의 어느 유명한 대학교수로 있는 이름이 높으신 분의 책이었는데 이 분의 책 수십 권을 다 태웠는데도 남은 글자가 단 한 글자도 없었습니다 선묘가 재를 여러 번 파헤쳐 보아도 남은 글자가 한 글자도 없었습니다 그런데 선묘의 말로는 요즘 책 가운데서도 한 글자도 타지 않고 남은 책이 있었다고 합니다 아직 초등학교에 들어가지도 않고 학원에도 다녀본 적이 없는 아이가 쓴 책을 두어 달 전 불태웠는데 한 글자도 타지 않고 고스란히 남았다고 했습니다

최한기

최한기는 평생 관직을 맡은 바도 없고 자기를 크게 내세운 적도 없이 오로지 학문에만 몰두하고 있습니다 그는 자기가 돈을 들여서 책을 부지런히 사 모으고 모은 책은 한 번 읽고 나서는 공부하고 싶은 젊은이들에게 나누어주고 있습니다 그래서 그의 대문 앞에는 늘 책을 얻으려고 하는 사람들로 붐비고 있습니다 이런 그가 지난 봄 펴낸 책으로 대한민국 학술원이 주는 학술원상을 받게 되었습니다 신문에도 나고 텔레비전으로도 알려지고 해서 그가 학술원상을 받는다는 것은 웬만한 사람이면 다 알게 되었습니다 평소 그와 친하게 지내고 있는 친구들도 그가 학술원상을 받는다는 것을 알고 시상식 날 꽃바구니를 사들고 시상식장인 서초동에 있는 학술원 대강당에 갔습니다 그런데 학술원상 시상식 날 그는 시상식장에 끝내 나타나지 않았습니다 어떤 사람은 학술원에서 그에게 시상식에 나오려면 양복을 입고 넥타이를 꼭 매어야 하며 사모님 또한 한복을 입고 같이 나오셔야 한다고 했기 때문에 격식을 싫어하는 그의 성품으로는 감당할 수 없었기 때문이라고 했습니다 또 다른 사람은 그가 관직을 싫어했듯이 상을 받는 것 자체도 싫어했기 때문이라고 했습니다 그러나 평생을 최한기와 공부를 함께하고 있어 그를 가장 잘 안다는 사람은 그가 공부 시간을 빼앗기는 것이 아까워서 나가지 않았다고 했습니다 그에게 가장 큰 상은 공부 시간을 빼앗지 않는 것이라고 했습니다 그에게 상을 주려면 시간을 듬뿍 주는 것이 가장 좋은데 대한민국 학술원이 몰라도 너무 모른다고 했습니다

큰스님

목화예식장에서 큰스님의 감로법문이 있다고 하여 갔습니다 큰스님은 법단 없이는 법문을 할 수 없다 하여 주최측에서는 사람들이 이미 다 모여 있는데도 부랴부랴 법단을 새로 만들었습니다 법단이 급하게 만들어지자 시봉하는 스님들 가운데 하나가 법문 내용을 미리 적은 두루마리를 단상에다 올려놓았습니다 그러나 큰스님은 두루마리는 펼쳐 보지도 않고 주장자로 단상을 세 번 쾅쾅쾅 치면서 이뭣꼬? 했습니다 한참 아무 말씀도 없었습니다 그러더니 알아들었는가 하고 그만 법단을 내려가 버렸습니다 시봉하는 스님들이 급히 사람들을 밀치고 큰스님이 나가실 수 있도록 길을 터 주었습니다 큰스님은 시봉하는 스님들에 둘러싸여 번쩍거리는 가사와 장삼 자락을 펄럭이며 나가버렸습니다 큰스님의 감로법문을 기대하고 왔던 사람들은 어리

둥절해 하며 서로 쳐다보았습니다 누군가가 큰스님이라더니 몸집 하나는 정말 엄청 크데 했습니다 그 말을 듣는 순간 내 모습을 보니 나인 줄도 몰라보게 잠깐 사이에 키가 확 줄어들어 난쟁이가 되어 있었습니다 나뿐만이 아니었습니다 큰스님의 감로법문을 기대하며 왔던 사람들이 모두 키가 줄어들어 난쟁이가 되어 있었습니다 부처님과 나는 하나요 부처님과 너도 하나라는데 우리는 큰스님을 친견하고서도 큰스님을 따라 큰사람이 되지 못하고 그만 모두 난쟁이가 되어 있었습니다

대해(大海)

옛날에 청계(淸溪)라는 사람은 시를 물 위에다 써서 강물에 띄워보냈습니다 강가로 나와보면 언제나 청계의 시를 읽어볼 수 있었습니다 운봉(雲峰)이라는 사람은 늘 하늘에다 시를 썼습니다 운봉의 시 구절을 건드릴까 봐 기러기들이 조심조심 날았습니다 그런데 대해(大海)라는 사람은 물 위에도 하늘에도 그 어디에도 시를 쓴 적이 없지만 시인으로서는 더 널리 알려져 있습니다 대해는 평생에 딱 한 번 시를 써보아야겠다고 마음먹은 것뿐이었는데도 말입니다 조선왕조실록에는 대해가 이십 년 동안 영의정 자리에 있었다고 되어 있습니다 그런 대해가 하루는 아랫사람들과 금강산에 올라가 이제 나도 한 번 시를 써보아야겠다고 말했습니다 그랬더니 이조좌랑이 불쑥 나서서 대감님의 시는 매우 훌륭하십니다 했습니다 대해는 쓰지도 않은 시에 대해 칭찬을 받자 쑥스러워 이 사람아 내가 아직 시를 쓰지도 않았는데 칭찬을 하면 어쩌나 했습니다 그러자 이조좌랑이 대감님이 시를 다 쓰시고 나면 제가 말씀드릴 기회가 오지 않을 것입니다 했습니다 대해는 시가 훌륭하다는 이조좌랑의 칭찬을 듣고 시를 이미 쓴 것과 다름없다며 정작 시는 쓰지도 않았습니다 그러나 세상에는 지금까지도 대해가 시인으로 널리 알려져 있습니다

사리탑

날마다 새벽이면 부처님 전에 백팔 배를 먼저 올리고 하루 한 번만 공양을 하고 하루 종일 불경을 소리내어 읽고 잘 때도 장자불와 하신 스님이 있었습니다 이 스님은 살아있는 부처로 알려졌습니다 우리나라에서뿐만 아니라 다른 나라에서도 많은 사람들이 친견하고 싶어서 찾아오곤 했습니다 그는 오직 불경을 읽는 일에만 몰두하느라 한 번도 사람을 만나준 적이 없었습니다 이것 때문에 그는 더욱 범상하지 않은 분으로 알려졌습니다 이 스님이 하도 유명하다 보니 그를 따르던 문도들과 신도들이 이 스님이 빨리 열반에 드시기를 오히려 바라고 열반에 들면 사리탑을 근사하게 세우기 위해 일찍부터 여기에 쓸 돈도 많이 마련해 두었습니다 그러나 그가 열반하고 나서 그를 다비하고 보니 뜻밖에도 사리는 한 과도 나오지 않고 다만 불경을 일평생 소리내어 읽던 붉은 혀만 타지 않고 그대로 남았습니다 그 혀는 이상하게도 여러 해가 지나도록 색깔이 변하지도 않고 썩지도 않았습니다 그렇다고 혀탑을 세울 수는 없는 일이었습니다 문도들과 신도들이 일찍부터 기울인 정성과 노력이 그만 헛일이 되고 말았습니다

식구

아내와 함께 이집트 아스완에서 자고 새벽 일찍 람세스 2세의 신전을 보러 아부심벨로 가는 길에 버스 유리창에 달라붙는 새벽별을 창문을 조금 열고 몇 개 떼어 여행 가방 속에 넣었습니다 호텔을 나설 때는 여행 가방 속에 물 한 병밖에 넣지 않았는데 별을 몇 개 넣고 나니 여행 가방이 제법 무거웠습니다 아부심벨에서 람세스 2세 신전을 보고 돌아오는 길에 아스완 하이댐을 보았습니다 그리고 아스완으로 돌아와서 아스완 시내를 한 바퀴 도는 마차 관광을 했습니다 마차 관광을 하기 위해 마부와 흥정을 하는데 마부가 말하기를 시내 한 바퀴 도는 데는 10파운드면 된다고 했습니다 그래 10파운드를 주었더니 마부가 귓속말로 2파운드를 더 달라고 했습니다 왜 그러느냐고 했더니 마부가 말하기를 10파운드는 자기 몫이고 2파운드는 말의 몫이라고 했습니다 자기와 한 식구인 말이 자기와 내가 흥정하는 것을 처음부터 끝까지 다 들었으니 안 주면 안 된다고 했습니다 마부의 말을 듣고 2파운드를 더 주었더니 말이 고맙다는 듯이 머리를 끄덕이었습니다 마부의 말대로 말이 흥정하는 것을 처음부터 끝까지 듣긴 들었나 봅니다 그런데 아스완에서 카이로로 가는 비행기 속에서 생각해 보니 마부에게 속은 것만 같아 아내에게 말했더니 아내는 마부의 말이 맞다고 했습니다 말도 마부와 한 식구이니 마부가 말의 몫을 챙겨준 것이라고 했습니다

만암

퇴근 길 지하철을 타고 집으로 오면서 신문을 보다가 깜짝 놀랐습니다 조계사에서 총무원장 선거 때문에 큰스님이라고 하는 분들이 웃옷도 벗어제치고 서로 밀고 당기고 각목을 휘두르고 심지어 서로를 향해 화염병까지 던졌다는 것이었습니다 사진까지 커다랗게 실려 있었습니다 세속을 떠나 있던 분들이 세간에서 벌어진 일들을 어찌 그리도 잘 알고 배워 그대로 따라 행동했는지 참 알 수 없는 일이었습니다 부처님이 알까 두려워 보던 신문을 얼른 접었습니다 그런데 집에 들어가자 아파트 경비실에서 인터폰으로 연락이 왔습니다 소포가 왔으니 도장을 가지고 와서 찾아가라는 것이었습니다 경비실에 내려가 보니 백양사의 만암 스님이 보낸 것이었습니다 백양사의 맑은 바람 한 줄기였습니다 얼마 뒤 안 일입니다만 만암 스님은 나한테

만 소포를 보낸 게 아니었습니다 조계사의 큰 스님들에게는 훨씬 먼저 소포를 보냈습니다 토종꿀을 보냈습니다 조계사 큰스님들은 그 꿀을 먹고 씨름꾼 못지않게 피둥피둥 살도 찌고 화염병도 던지고 서로 싸움질도 잘 하게 되었나 봅니다 동대문 시장에서 장사를 하면서 조계사를 평생토록 열심히 다닌 한 보살님도 나보다 먼저 만암 스님으로부터 소포를 받았는데 백양사의 물 한 통이었습니다 만암 스님이 보낸 물이라 귀한 줄로만 알고 그 물을 혼자서 다 마시는 바람에 배가 터져 요즘 병원 신세를 지고 있다고 합니다 내게 온 소포 속에는 만암 스님이 모필로 한지에다 쓴 편지도 들어 있었습니다 만암 스님은 편지에서 중생이 부처요 부처가 중생인데 부처님 섬기듯이 섬기려고 제각기 평소 좋아하는 것을 보낸다는 것이었습니다 만암 스님은 오래 전에 이 사바세계를 떠나 열반에 들어 지옥에 떨어진 중생을 구하려고 지옥으로 달려가 있었는데 지옥에 떨어진 중생을 구하는 일보다 이 사바세계의 중생을 구하는 일이 더 급하다고 여겨 지옥에서 다시 돌아와 백양사에 계시다는 것입니다

| 제4부

물 항아리

시골에서 농투성이로 평생 농사일만 해 온 오씨는 지난 2월 서울 사는 아들 내외를 따라 해외여행이랍시고 처음으로 이집트를 다녀오고부터는 우리나라 사람들은 누구나 이집트에 꼭 한 번 가보아야 한다고 열을 올립니다 오씨가 이집트 가서 꼭 보라는 것은 기자의 피라미드나 스핑크스도 아니고 룩소르의 왕들의 계곡이나 카르낙 신전도 아닙니다 아스완의 미완성 오벨리스크도 아니고 아스완 하이댐도 아니고 아부심벨의 람세스 2세 신전도 아닙니다 카이로의 예수 피난교회와 모세 교회도 아닙니다 고고박물관의 투탕카멘 왕의 황금 마스크도 아닙니다 나일강도 아니고 이집트 미인들도 아닙니다 파피루스도 사탕수수밭도 바나나 농장 파인애플 농장도 아닙니다 대추야자도 아닙니다 오씨는 이집트 어디에서나 볼 수 있는 물 항아리를 보고 오라고 합니다 지나가는 길손들이 목마를 때에는 누구나 아무 때고 마실 수 있게 물잔과 함께 집 앞에 내놓고 있는 물 항아리를 보고 오라고 합니다 오씨는 이집트를 갔다 오고 나서도 이집트가 어느 대륙에 있는 나라인지는 모르지만 자기 집 앞에 늘 물 항아리와 물잔을 내놓고 있습니다

졸업생을 만들어 내는 공장

야간 대학에 시간 강사 자리 하나 간신히 얻어 강의를 마치고 생맥주 집에서 생맥주 한 잔 들이켜고 있는데 터번을 두른 낯선 이방인이 내 곁으로 다가오더니 자기는 인도 사람이며 이름이 프렘찬드라고 했다 나는 그가 인도의 소설가로 유명하다는 것쯤은 알고 있었지만 그의 얼굴을 직접 보게 되리라고는 생각지도 못했다 그는 내가 대학에서 현대문학의 이해라는 과목을 가르치고 있는 시간 강사라는 것쯤은 미리 알고 있는지 서툴지 않은 우리말로 단도직입적으로 물었다 인도에는 대학이 없고 졸업생을 만들어 내는 공장만 여럿 있는데 한국에는 대학이 있소 하고 말이다 나는 우리나라에는 4년제 대학만도 이백 개 가까운데 무슨 말을 그렇게 하오 하며 그를 나무랐다 그는 무안했던지 《암소 바치기》라는 자기 작품을 읽어보았느냐고 했다 나는 많은 감동을 받았다고 했다 그러자 그는 생맥주 한 잔 얻어 마실 수 없겠느냐고 했다 나는 그에게 생맥주 한 잔 시켜주었다 그는 생맥주 잔을 단숨에 비우더니 고맙다는 인사를 하고 생맥주 집을 나갔다 그런데 그가 나가고 난 뒤 생맥주를 몇 잔 더 마시면서 가만히 생각해 보니 그 많은 우리나라 대학도 정말 대학인가 졸업생을 만들어 내는 공장이 아닌가 하는 생각이 들었다 그렇다면 나는 누구인가 대학에서 문학을 가르치는 시간 강사가 아니라 졸업생을 만들어 내는 공장의 직공이 아닌가 하는 생각이 자꾸자꾸 들었다 아니다 그렇지 않다고 외쳐볼수록 목소리가 자꾸자꾸 기어 들어갔다

마늘과 쑥이 동났다

마늘과 쑥이 동났다고 사람들이 난리입니다 정부는 도대체 뭐하고 있느냐며 아우성입니다 갑자기 마늘과 쑥이 동난 것은 다람쥐, 토끼, 오소리, 멧돼지, 강아지, 소, 닭, 쥐, 고양이, 까막딱다구리, 원앙, 올빼미, 쥐오줌풀, 개불알꽃, 소나무 들이 모두 마늘 스무 개와 쑥을 먹고 문경 희양산 봉암사 대웅보전 앞에 모여 백일기도를 하고 사람으로 태어나려고 하기 때문입니다 이들이 모두 사람으로 태어나 희양산 옆구리를 뚫어 한반도 대운하 만드는 일을 막아 보겠다고 해서입니다 이들은 모두 《삼국유사》를 읽어본 모양입니다 마늘 스무 개와 쑥을 먹고 백일기도하면 사람으로 태어날 수 있게 된다는 것을 안 것입니다 재래시장이고 백화점이고 슈퍼마켓이고 어디에서고 사람들이 마늘과 쑥을 구하지 못해 발을 동동 구르고 야단입니다 마늘을 구하지 못하니 밥상에 빠져서는 안 되는 김치를 못 담가 먹고 쑥을 구하지 못하니 쑥국도 쑥떡도 먹을 수 없다고 난리입니다 조선시대 온 나라 산 가운데 유일하게 이성계의 말을 듣지 않아 불복산이라고 불렸던 지리산이 이틀 전 한밤중에 문경까지 성큼성큼 걸어와서는 불복산이라는 이름을 희양산에게 물려주고 갔습니다 이제는 자기보다 희양산에게 더욱 잘 어울리는 이름이라 하며 물려주고 갔습니다

허연 집 퍼런 집

우리말 연구가인 느림보 씨는 오랜 고민 하나를 해결했다며 며칠 전 내게 전화를 걸어 술 한 잔 하자고 했습니다 나는 저녁을 먹다말고 나갔습니다 느림보 씨는 미국 대통령과 우리나라 대통령이 일하는 집을 가리키는 말이 그동안 내내 마음에 걸렸는데 자기가 조금 전에 알맞은 말을 하나 찾아냈다고 했습니다 술 한 잔 사주겠다고 불러냈으면 술부터 한 잔 사 줄 일이지 술은 사 주지 않고 신바람이 나서 이야기부터 먼저 했습니다 그래도 나는 느림보 씨가 밉지는 않았습니다 느림보 씨 이야기로는 미국 대통령이 일하는 집을 백악관이라고 부르는데 그렇게 불러서는 안 된다고 했습니다 미국 대통령이 그 집에서 하는 일을 보면 뻔뻔스런 허연 짓만 하기 때문에 허연 집이라고 불러야 한다고 했습니다 우리나라 대통령이 일하는 집도

청와대라고 하는데 그렇게 불러서는 안 된다고 했습니다 총칼의 힘으로 그 집에 들어간 사람이나 국민의 힘으로 그 집에 들어간 사람이나 가리지 않고 그 집에 들어간 사람들은 모두 서슬 퍼런 짓만 하다가 나올 때는 제 스스로도 퍼런 멍이 들어 나오기 때문에 퍼런 집이라고 불러야 한다고 했습니다 느림보 씨의 말을 듣고 보니 정말 그랬습니다

르와젤 부인

오늘 아침 다른 날보다 조금 일찍 출근했더니 교무실 내 책상 위 편지 한 통 놓여 있었습니다 겉봉만 보아도 외국에서 온 것임을 단번에 알 수 있었습니다 나는 외국에 사는 친지라곤 단 한 사람도 없는데 누가 보냈을까 봉투를 뜯어 편지를 읽어 보니 모파상의 소설 〈목걸이〉에 나오는 르와젤 부인이 내게 보낸 편지였습니다 며칠 전 교과서 진도가 다 끝났기에 교실에서 중학교 3학년 여학생들과 르와젤 부인 이야기를 나눈 적이 있었는데 그때 한 여학생이 나한테 르와젤 부인은 얼굴도 예쁘고 몸매도 날씬한데 단란주점이나 룸살롱 또는 노래방에서 일했다면 십 년이나 고생을 하지 않았을 텐데 바보 같은 부인 아니냐고 물었습니다 아마도 그 말이 고스란히 르와젤 부인의 귀에 들어갔나 봅니다 르와젤 부인이 학교로 찾아오겠다고 하는 걸로

보아 화가 나도 아주 단단히 난 모양이었습니다

유광억

유광억은 이옥이 지은 한문소설 〈유광억전〉에 나오는 주인공입니다 조선시대 돈을 받고 과거 답안을 대신 지어 주는 것으로 이름이 났습니다 돈 받은 액수에 따라 글도 차등을 두고 지어주었다고 합니다 유광억에게 돈을 주고 과거 답안을 사서 합격한 사람이 하도 많아서 나라에서 골치를 앓았다고 합니다 그러고 한동안 소식이 뜸하더니 유광억은 몇 해 전 강남 대치동에서 논술학원을 차렸습니다 유광억의 논술학원에서는 논술을 직접 가르치는 일은 없습니다 대신에 대학별 논술시험 모범답안을 팔고 있습니다 그걸 사서 달달달 외워 쓴 학생들이 해마다 논술시험에서 만점을 받아 대학에 합격했다는 소문이 알음알음으로 퍼져 대학 수능시험이 끝나고 나면 유광억의 논술학원은 대학별 논술시험 모범답안을 사겠다고 전국에서 몰려든 학생들로 아수라장입니다 이른바 명문대로 알려진 몇몇 대학의 논술시험 모범답안 값은 웬만한 회사원의 연봉과 맞먹는데도 불티난다고 합니다 유광억은 논술시험 모범답안은 돈을 주면 언제든지 얼마든지 써줄 수 있어도 논술을 잘 쓰는 법은 억만금을 준다 해도 가르쳐 줄 수 없다고 합니다 누구에게도 절대 가르쳐 줄 수 없다고 합니다

신돌석

구한말 부하의 배신으로 일본군에게 잡혀 처형된 동해안 영덕의 의병대장 신돌석이 의병을 이끌고 서울로 들어왔습니다 서울에서 일제 강점기 때보다 더 득세하고 더 떵떵거리면서도 뉘우치거나 사죄할 줄 모르고 있는 친일파 후손들을 혼내주려고 서울로 들어온 것입니다 그들이 하고 있는 꼬락서니를 저승에서 보고 있자니 울화통이 터져 못 참겠다며 저승에 있는 의병들을 모두 모아 왔습니다 가진 것이래야 죽창뿐인데 의기양양하게 서울로 들어왔습니다 한 번 죽어봐서 이제 죽음 따위는 겁날 게 없다고 했습니다 신돌석이 이끄는 의병은 혼내줄 사람들만 용하게 골라내어 혼낸다고 하는데 혼난 사람들이 부끄럽기도 하고 겁을 먹어 쉬쉬하기 때문에 서울에 들어온 지 여섯 달이 넘었는데도 아는 사람들이 거의 없다고 합니다

신문이고 방송이고 단 한 번도 보도된 적이 없다고 합니다

이사

동화작가 권정생 선생은 경북 안동시 일직면 조탑동에서 식구라고는 강아지 한 마리 생쥐 한 마리와 함께 살면서 동화를 쓰고 있습니다 어려서부터 신장결핵을 앓아 하루 원고지 한 장 반 또는 두 장밖에 글을 쓸 수 없으면서도 《강아지똥》《몽실언니》를 비롯한 주옥같은 작품을 많이 쓰셨습니다 권정생 선생은 이오덕 선생이 살아계셨을 때 경북 안동시 일직면 조탑동에서 이오덕 선생이 사신 충북 충주시 신니면 무너미 마을로 이사를 했습니다 이오덕 선생 곁에 살면서 늘그막에 서로 말동무가 되어 살기로 한 것입니다 그런데 이사를 하고 나니 이오덕 선생과 그 아드님이 잘 돌봐주어 등 따습고 배는 부른데 두 분 말고는 말을 걸 사람도 말을 걸어오는 사람도 없고 마을 풍경 또한 여러 날이 지나도 낯설어 속이 허전해 견딜 수 없었다고 했습니다 그래 읽던 책이고 살림살이고 뭐고 다 그냥 두고 몸만 전에 살던 곳으로 도로 돌아왔다고 했습니다 등 따습고 배는 부르지 않았지만 속이 허전한 일은 없어 돌아오기를 정말 잘했다고 했습니다 이사 갈 때 데리고 가지 못한 강아지와 생쥐도 권정생 선생의 품안에 파고들어 볼을 더 자주 비벼댄다고 했습니다

차천로

차천로가 자신에게 시를 배우겠다는 학생들 스무 명을 데리고 경기도 광주군 퇴촌면 분원리 가서 팔당호의 물빛을 바라보고 있습니다 호숫가에 핀 인동초꽃을 처음 본다는 학생도 있고 갈대 사이로 들어가서 사진을 찍는 학생도 있습니다 학생들이 두툼한 문학이론 책만 겨드랑이에 끼고 다니길 좋아해서 차천로가 자기 돈을 써 가며 데리고 온 것입니다 차천로는 자기는 언제나 쓸 게 너무 많아 만리장성 벽에다 종이를 붙여놓고 먹물을 한 번 찍어 단숨에 시를 쫙 갈겨놓은 적도 있다고 했습니다 차천로의 이 말은 거짓이 아닙니다 아폴로 11호를 타고 달나라에 처음 간 우주비행사 암스트롱은 지구 쪽을 돌아보니 차천로가 만리장성 벽에다 종이를 붙여놓고 써 갈긴 시만 보이더라고 했습니다 차천로는 학생들에게 주변을 자세히 살펴보면 시가 여러분을 가만 내버려두지 않을 것이라고 했습니다 조금 전부터 학생들 가운데는 팔당호 물 위에 시를 쓰는 사람도 있고, 인동초 꽃잎에다 시를 쓰는 사람도 있고 갈대를 꺾어 붓 삼아 시를 쓰는 사람도 있습니다 이걸로 보아 차천로가 학생들을 이리로 데리고 나오길 잘했나 봅니다

허균 노인

종로 3가 허리우드 극장 뒤 세종 빌딩 3층 열양서숙에 한문을 배우러 가다가 시간이 조금 남아 탑골공원에 들렀습니다 탑골공원 손병희 선생 동상 앞에 노인들이 옹기종기 모여 있었습니다 노오랗게 물든 은행잎들이 떨어지고 있는 가을이었지만 토요일 오후의 햇살이 따사로웠습니다 서울시내 동장으로 재직하다 정년퇴임했다는 박 노인이 마침 한창 열변을 토하고 있었습니다 우리나라에서는 고위층과 같은 고등학교를 나오든지 고위층과 같은 고향 출신이든지 고위층과 같은 종교를 믿든지 그러지 않고서야 출세를 하긴 틀렸어 높은 자리에 올라가긴 틀렸어 내 공직생활 체험에 비추어 보면 일 권력 이 재력 삼 실력이야 하며 열변을 토하고 있었습니다 모여있던 노인들이 손뼉을 짝짝짝 쳤습니다 그러자 율도(聿島)에서 나서 지금껏 율도(聿島)에서만 살다가 서울 사는 큰아들 집에 생전 처음 나들이를 하게 되어 탑골공원에까지 나오게 되었다는 허균 노인이 구부정한 허리를 가까스로 세우면서 아니다 그렇지 않다 어질고 능력 있는 인재는 하늘이 내는데 그런 인재를 버려두는 것은 하늘을 거스르는 짓이거늘 누가 감히 그런 짓을 할 수 있단 말인가 아니다 그렇지 않다 하고 반박을 했습니다 노인네들이 모두 하나같이 물정 모르는 시골뜨기 노인네가 뜬금없이 무슨 소리냐며 허균 노인을 나무랐습니다 허균 노인은 조금도 위축되지 않고 자신의 주장을 굽히지 않았습니다 과자 부스러기를 주워 먹고 있던 비둘기들이 무슨 일인가 하고 손병희 선생 동상의 어깻죽지며 머리 위에 무엄하게도 올라앉아 내려다보고 있었습니다

그리고 저희들끼리도 무어라 무어라고 하고
있었습니다

막사이사이 우물

우리나라가 민주화 되어 문민정부에서 국민의 정부를 거쳐 참여정부에 이르다 보니 이제 대통령도 대통령질 못해먹겠다고 뽑아준 사람들을 향해 거침없이 말하는 시대가 되었습니다 대통령도 투정부리고 싶을 때는 체면이고 염치고 가리지 않고 투정부릴 줄 알게 되었다는 것입니다 먹보 씨는 사람들이 이말 저말 하지만 근엄하고 무섭던 대통령과는 달리 투정을 부릴 줄 아는 대통령이 다정하게 느껴지기도 한다고 했습니다 그런데 먹보 씨는 최근 들어 대통령질은 아무나 할 수 있다는 것을 알았다고 했습니다 먹보 씨는 지난 여름 식구들을 데리고 필리핀 여행을 갔다 왔습니다 마닐라에서 팍상한 폭포로 가는 길에 목이 하도 말라서 시골 마을을 지나다가 잠시 차를 세우고 우물물 한 모금 떠 마셨다고 했습니다 먹보 씨는 생수 파는 곳을 찾다가 없자 급한 김에 우물물을 떠 마셨는데 그 우물은 막사이사이 우물이라고 했습니다 필리핀 제3대 대통령이었던 막사이사이가 대통령이 되자마자 마을마다 우물 한 개씩 파줄 때 판 우물이라 지금까지도 그렇게 부른다는 것입니다 마실 물이 귀한 필리핀이다 보니 사람들이 물 한번 마음 놓고 마시라고 파주었다는 것입니다 막사이사이는 대통령이 되어서 나라 사람들이 가장 애타게 바라는 바가 무엇인지를 꿰뚫어 보았던 셈입니다 필리핀 사람들은 이 우물 때문에 막사이사이 대통령을 늘 못 잊어 한다는 것입니다 먹보 씨는 막사이사이 우물물 한 모금 떠먹고 와서는 대통령질이 참 쉽다는 생각이 든다고 했습니다 마을마다 우물 한 개씩 파주는 게 뭐 그리 어려운 일이냐고 했습니다 먹보 씨는 자기도 피선거권을 얻게 되면 대통령질 한번 해보려고 했는데 필리핀을 갔다 와서는 대통령질에 대해서 아주 흥미를 잃었다고 했습니다 마을마다 우물 하나씩만 파 주어도 살아서건 죽어서건 늘 칭송받는데 그렇게 쉬운 일을 자기가 왜 맡아서 해야 하느냐고 했습니다

이중섭의 소

서울역에 나갔다가 대합실에서 이중섭의 그림 〈소〉를 보았습니다 한참을 들여다보고 있노라니 소가 입을 오물거리고 있었습니다 이상하다 싶어 다가가 보니 무슨 말인지 하고 있었습니다 소의 입 가까이 귀를 대고 들어보니 알아들을 수 있었습니다 소는 자기가 그림 속으로 들어오기 전에 어느 날 시장에 나갔는데 거기서 이중섭을 만났다는 겁니다 이중섭이 소 시장에 구경왔다가 소를 판 돈을 몽땅 잃고 울고 있는 사람을 보고는 제 호주머니의 돈을 다 털어주더라고 했습니다. 그런 이중섭이 자기에게 모델이 되어 줄 수 없느냐고 했을 때 정말 거절할 수 없었다고 했습니다 그래서 모델료도 받지 않고 선뜻 모델이 되어 주어 그림 속에 들어와 지금껏 살아가고 있노라고 했습니다 그런데 소는 이중섭을 요즘 통 만날 수 없다며 아마도 하늘의 별이 되어 세상의 어둠을 밝혀주고 있지나 않은지 했습니다 자기는 그림에서 나올 수 없으니 나한테 오늘 저녁에는 꼭 하늘을 한 번 쳐다보라고 했습니다 별이 된 이중섭을 보거든 자기 대신 손 한번 흔들어달라고 했습니다

시인의 말

"가슴속에 깨달음이 넘치면 절로 글이 이루어진다. 이렇게 되면 구태여 아름답게 꾸미려고 하지 않아도 자연 살아 움직이는 빛을 발한다." 혜강 최한기의 말이다. 나는 이 말을 늘 마음에 새기면서 시를 쓰고 있다. 그러고 보면 내 시와 삶의 스승 가운데 한 분이 혜강 최한기이다.

1987년 첫 시집 《아침부터 저녁까지》를 내고, 1998년 두 번째 시집 《날마다 좋은 날》을 내었다. 2008년 세 번째 시집 《대표작》을 낸다. 대략 십 년을 주기로 시집을 내는 셈이다. 시 쓰기에 조금 게을렀던 것 같다. 앞으로는 좀 더 부지런히 시를 써야겠다고 스스로 다짐해 본다.

시는 밥이다.
시는 물이다.
내 시도
배고픈 사람의 밥이 되기를
목마른 사람의 물이 되기를

바라고
바라고
바라고
또 바란다.
두 손 모아.

2008년 가을
윤동재